L'OCCULTISME CONTEMPORAIN

Copyright © 2018

Éditions Unicursal Publishers
www.unicursalpub.com

ISBN 978-2-924859-44-5

Première Édition, Imbolg 2018

Tous droits réservés pour tous les pays.

PAPUS

L'OCCULTISME CONTEMPORAIN

L'Occident est le commencement de la pratique et l'Orient le commencement de la théorie.
　　　　　　　　　　Riplée.

Louis Lucas. — Wronski.
Eliphas Levi. — Saint-Yves d'Alveydre.
Mme Blavatsky.

1887

Unicursal

A
Louis Lucas

AUTEUR DE « LA CHIMIE NOUVELLE »

PRÉFACE

Donner aux Enfants de la Veuve (d'après les conseils de leur auteur sacré Ragon) aux Kabbalistes et aux Théosophistes une bibliographie qui leur permette d'étendre le domaine de leurs connaissances, fournir aux critiques le moyen de savoir ce dont ils parlent, ce qui ne leur arrive pas toujours, remettre en lumière des savants injustement ignorés comme Louis Lucas ou Hoëne Wronski, enfin montrer à tous la réaction anti-matérialiste qui se produit en ce moment, telles sont les fins que je me propose en publiant ce petit traité. Je compte qu'il sera lu par tous ceux qui pensent, ce sera ma plus belle récompense.

Autant que possible de nombreux renvois prouvent ce que j'avance et je ne regrette qu'une chose, c'est que le cadre trop étroit de ce traité ne m'ait pas permis de faire autant de citations que je l'aurais désiré. De toute façon j'offre au public le fruit d'un long et difficile travail et non le produit d'une imagination plus ou moins fertile.

Papus.

Juin 1887.

PREMIÈRE PARTIE

Introduction

Il n'est pas aujourd'hui d'homme vraiment instruit qui ne sache que la science ne repose sur aucun fondement stable.

Quel rapport établir entre l'attraction universelle, la cohésion, l'affinité et l'attraction moléculaire, alors que les lois ne, sont plus identiques pour toutes les forces ? La loi du carré est trop faible pour expliquer l'attraction moléculaire et la loi du cube est trop forte.

Quelle confiance accorder aux théories chimiques, en apparence si solides que l'isomérie est venue contredire ? Que croire des affirmations contemporaines, après les travaux chimiques de Louis Lucas [1] ?

---

1   V. *Chimie nouvelle*, de Louis Lucas. Paris, 1854, in-8.

Enfin que dire de ces médecins qui se vantent avec orgueil de ne pas étudier la vie autrement que par ses effets ? Est-ce en essayant de rebâtir les murailles d'une ville, à mesure que l'artillerie ennemi les abat, ou bien-en faisant taire cette artillerie qu'on protège les citoyens ? Vous aurez beau reconstruire, le canon détruira toujours, médecins vous aurez beau traiter les symptômes, la cause de la maladie qui nous est inconnue agira toujours.

On a voulu faire une science des faits, et les faits sont venus détruire les données admises [2].

Devant ces contradictions multiples, les chercheurs consciencieux se sont demandé s'il n'existait pas une autre science.

C'est alors qu'ils ont entrevu, à travers les âges, une science toujours la même et toujours soigneusement cachée, aussi riche en idées que la nôtre était riche en faits : c'est la science occulte.

Courageusement ils se sont lancés en avant, mais bientôt les déceptions sont venues abattre la plupart d'entre eux. Comment deviner ce qui se

---

2 V. les *Bulletins de la Société de psychologie physiologique* de Paris, 1885 et 1886.

cachait derrière cet amas de termes obscurs, d'hiéroglyphes bizarres et de recettes faussées à dessein. Peu ont poursuivi l'étude, les autres se sont remis à étudier la science de leur temps.

C'est qu'elle est bien belle malgré tout, l'induction magnifique qui procède à l'établissement de nos connaissances contemporaines. Que nous importe d'abandonner l'étude des principes généraux quand les détails révélés par l'expérience viennent jeter de si vives lumières sur chaque branche de notre savoir. Nous avons construit à la face du ciel un monument dont chaque pierre a été travaillée par nos meilleurs esprits, disent les savants, que nous importe de n'en pas connaître les bases.

Mais cet inconnu sur lequel vous avez bâti fera un jour crouler votre monument, disent les occultistes, et d'autres viendront mettre sur ses bases solides les pierres qui vous ont donné tant de mal.

Laissant à ceux qui fouillent les détails la considération et les honneurs, les audacieux ont poursuivi la route. Après un travail assidu les symboles ont commencé à parler, les chercheurs ont vu la science de toutes les époques apparaître au milieu des mots incompréhensibles aux profanes, ils ont deviné derrière une pensée toute une *autre* époque plus instruite que la nôtre [3].

Enfin l'alliance des découvertes modernes et de la science occulte dans l'éternelle vérité s'est laissé entrevoir aux vrais chercheurs et la synthèse s'est manifestée à leur esprit [4].

C'est alors qu'ils se sont tournés vers leur collègue de jadis pour le prier d'unir ses découvertes à leurs idées. Mais l'homme n'est plus le même, il a vieilli dans une douce quiétude, flatté par ses contemporains, malheur à celui qui s'est dévoyé, à celui qui a méprisé l'étude du détail. Quand il vient offrir ses idées de synthèse il est traité d'utopiste, de songe creux, on ne veut même pas écouter ses rapports [5] et quand il n'est plus là le savant illustre se prend à jalouser celui qui a su lire dans le livre fermé pour lui et l'adepte meurt de misère [6] ou de silence [7].

---

3   V. Louis Lucas, le *Roman alchimique* et Saint-Yves d'Alveydre, *Mission des Juifs*.
4   Voyez les travaux de Lucas, Wronski, Lacuria et Eliphas Levi.
5   Wronski.
6   Wronski.
7   Louis Lucas.

Tout cela est arrivé et peut-être n'est pas encore fini. Quand donc les hommes comprendront-ils que leur personnalité n'est rien dans la Vérité ? C'est quand le grain de blé pourri dans la terre semble mort pour jamais que la vie s'élance du chaos qui la renfermait et manifeste une plante ; c'est quand le successeur de Philippe le Bel se croit plus solidement établi sur le trône que jamais, que le successeur de Jacques B. Mollay l'enferme dans le Temple et se venge. Toute action nécessite une réaction égale.

Des hommes vraiment instruits ont succombé sous le complot du silence, ils sont morts de misère et de faim, de leur supplice naîtront des écoles qui répandront partout la parole qu'on voulait cacher et quelque jour la renommée scientifique de quelques-uns s'effondrera sous le ridicule dont ils ont voulu couvrir ceux qui les gênaient.

C'est de tous ces inconnus d'hier et de demain que je veux parler aujourd'hui, de ceux qui luttent dans l'ombre pour la Science et non pour un titre ou un collier honorifique quelconque, des enfants à qui la Liberté a légué quelques-unes de ses volontés [8].

---

8   Voyez le *Testament de la Liberté* d'Eliphas Levi.

Mais je le répète encore, les occultistes n'ont traité particulièrement que le côté général, métaphysique de la nature [9] tandis que les savants traitaient le particulier.

Prise séparément pour tout expliquer, la métaphysique est aussi fausse que la physique. C'est en s'appuyant l'une sur l'autre seulement qu'elles peuvent donner naissance à la synthèse scientifique, sociale et religieuse.

---

[9] A l'exception cependant de Louis Lucas.

DEUXIÈME PARTIE

LE MAGNÉTISME, LE SPIRITISME ET LES SAVANTS

Parler d'un mouvement contemporain n'est certes pas chose facile. Dès qu'un temps quelconque s'est écoulé depuis la production des faits, ils ont pu subir un commencement de classification, ce qui n'a pas lieu pour le sujet qui nous occupe.

Quelque attention que l'on fasse, il est impossible de ne pas laisser échapper un livre, une personne ou une action importante. Aussi je prie d'avance le lecteur de me pardonner les omissions ou les erreurs qui pourraient s'être glissées dans mon travail.

Dans le mouvement en faveur des sciences occultes qui s'est manifesté depuis 1848, plusieurs courants se sont établis.

Les uns, tout entiers aux découvertes pratiques de Mesmer, ne voient dans la science occulte que le magnétisme fluidique, d'autres, venus un peu plus tard, ne voient que manifestations d'intelligences appartenant ou ayant appartenu aux humains, d'autres enfin se sont élevés assez pour édifier une synthèse générale.

Les deux premiers seuls, magnétiseurs et spirites, se sont trouvés en lutte directe avec les savants; les autres, retranchés dans le domaine de la théorie, ont échappé jusqu'ici à une polémique vraiment active.

Voyons d'abord les adversaires en présence.

D'un côté se trouvent des gens peu instruits, anciens ouvriers [10], petits bourgeois [11] ou officiers en retraite produisant des phénomènes à tort et à travers sans la moindre méthode scientifique, mais sûrs de l'existence du fluide mesmérien.

De l'autre, se trouvent les savants, hommes instruits, sceptiques à l'égard de ce qu'ils n'ont pas découvert, aussi nécessaires à l'inventeur que la résistance à la production de la force.

---

10   Cahagnet.
11   Ricard.

Comme le savant est le même, ou à peu près, à toutes les époques, voyons la façon dont les juge un esprit élevé qui a été à même de les connaître et de les étudier : Goëthe.

« Les questions scientifiques sont très souvent des questions d'existence. Une seule découverte peut faire la célébrité d'un homme et fonder sa fortune sociale. Voilà pourquoi règnent dans les sciences cette rudesse, cette opiniâtreté, cette jalousie des aperçus découverts par les autres. Dans l'empire du beau tout marche avec plus de douceur ; les pensées sont toutes plus ou moins une propriété innée, commune à tous les hommes ; le mérite est de savoir les mettre en œuvre et il y a naturellement là moins de place pour la jalousie. Mais dans les sciences la forme n'est rien ; tout est dans l'aperçu découvert.

« Il n'y a là presque rien de commun à tous ; les phénomènes qui renferment les lois de la nature sont devant nous comme des sphinx immobiles, fixes et muets ; chaque phénomène expliqué est une découverte, chaque découverte une propriété. Si on touche à une de ces propriétés, un homme accourt aussitôt avec toutes ses passions pour la défendre.

Mais ce que les savants regardent aussi comme leur propriété, c'est ce qu'on leur a transmis et ce qu'ils ont appris a l'Université. Si quelqu'un arrive apportant du nouveau, il se met en opposition par là même avec le *credo* que depuis des années nous ressassons et répétons sans cesse aux autres et menace de renverser *ce credo;* alors tous les intérêts et toutes les passions se soulèvent contre lui, et on cherche par tous les moyens possibles à étouffer sa voix. On lutte contre lui comme on peut : on fait comme si on ne l'entendait pas ; comme si on ne le comprenait pas ; on parle de lui avec dédain comme si ses idées ne valaient pas la peine d'être examinées et c'est ainsi qu'une vérité peut très longtemps attendre pour se frayer son chemin [12]. »

Goethe.

Maintenant que nous connaissons chacun des deux adversaires, voyons-les en lutte.

---

12 *Conversations*, t. I. p. 75, et Caro, *la philosophie de Goëthe*, 2ᵉ édition, 1880, p. 81.

PREMIÈRE PÉRIODE — LE MAGNÉTISME

A la suite des divulgations de Mesmer, divers centres de magnétiseurs s'étaient formés qui luttaient à coups d'expériences contre les académies. Celles-ci niaient dans leurs rapports tous les phénomènes produits par leurs adversaires en tant que dépendant d'un fluide spécial. Elles les mettaient sur le compte de la naïveté et de l'imagination des adeptes.

Deleuze [13], Du Potet [14], Puységur, Cahagnet [15], Ricard [16], Chardel [17], luttaient dans le camp des magnétiseurs.

Il faut avouer que ces auteurs donnaient prise aux critiques des savants en publiant comme Cahagnet des livres sur l'état de l'âme dans l'autre monde d'après les révélations de plusieurs somnambules extatiques. C'était brusquer un peu les révélations.

---

13   *Instructions pratiques sur le magnétisme animal* (1883, gr. in-8).
14   *Magie dévoilée* (Saint-Germain, 1875).
15   *Magie magnétique.*
16   *Almanach du magnétiseur* (1846).
17   *Esquisse de la nature humaine* (recommandé spécialement aux occultistes).

Quoi qu'il en soit, la lutte devenait d'autant plus vive que les gens du monde y avaient pris part et les salons étaient partagés en deux camps : les savants retranchés dans leurs scepticisme et leur dédain, et les révolutionnaires de la science endormant à tort et à travers, guérissant les incurables, proclamant partout l'existence du fluide mesmérien et mettant sur la couverture de leurs livres des épigraphes dans le genre de celle-ci :

Si les soi-disant savants refusent encore d'avaler la vérité que je proclame avec tant de persévérance, je finirai par la leur ingurgiter [18].

Comme on le voit, l'accord n'était pas facile et les académiciens, piqués dans leur amour propre, faisaient la sourde oreille. L'infatigable magnétiseur Ricard alla même jusqu'à en endormir quelques-uns [19], les autres prétendirent que c'étaient des compères !!

Toutefois les savants, sous l'influence des écrits de leurs adversaires invoquant tous la haute antiquité de leurs phénomènes, s'étaient mis à

---

18   J. J. A. Ricard, *Almanach du magnétiseur pratique* pour 1846.
19   Id.

étudier quelques branches de ces fameuses sciences occultes.

Louis Figuier publiait une belle étude : *l'Alchimie et les Alchimistes* [20] (1856), dans laquelle il nie l'existence de la pierre philosophale en fournissant lui-même à son insu la preuve irréfutable de trois transmutations [21].

A. Franck publiait un remarquable travail sur *la Kabbale* [22], à laquelle il ne comprend rien, pas plus que Figuier à l'Alchimie, faute de connaissances spéciales suffisantes.

En même temps, on étudiait les mystiques d'où semblaient provenir les idées philosophiques des Adeptes.

La critique s'exerçait sur Claude de Saint-Martin [23], « le philosophe inconnu », dont les idées avaient nourri deux des plus grands hommes de l'époque : Balzac et Sainte-Beuve.

---

20   L. Figuier, *l'Alchimie et les Alchimistes*, Paris, 1856, in-8.
21   Voir la *Pierre philosophale prouvée par des faits* (Papus) n° 3 du *Lotus* (juin 1887).
22   A. Franck, *La Kabbale*, Paris, 1863, in-8.
23   Je recommande aux occultistes la lecture du *Crocodile*, de Saint-Martin, paru en l'an II de la République.

Successivement parurent la *Réflexion sur les idées de Louis-Claude de Saint-Martin* de Moreau (1850), *L'Étude sur la philosophie mystique en France et sur Saint-Martin* et *Martinez Pasqualis*, de A. Franck, membre de l'Institut, 1866, etc., etc.

De toutes ces études et de l'existence de plus en plus évidente de la réalité des faits produits parles magnétiseurs, les savants entraient peu à peu dans la voie de la conviction mais leurs paroles antérieures ne leur permettaient pas de s'avouer publiquement convaincus.

Sur ces entrefaites, arriva la guerre franco-allemande qui jeta quelques troubles dans les travaux des deux partis.

DEUXIÈME PÉRIODE — L'HYPNOTISME

Après la guerre, les académies trouvèrent un sauveur dans la personne d'un docteur anglais, Braid. Celui ci annonça au monde savant qu'il arrivait à produire la plupart des phénomènes invoqués par les magnétiseurs à l'appui de leurs doctrines, sans le moindre fluide, en fatiguant le regard par des procédés tout mécaniques. On désigna le nouveau procédé sous le nom d'hypnotisme, et les académies se mirent à étudier les phénomènes nouvellement produits par ses membres comme si le reste n'avait jamais existé.

Il faut avouer toutefois que les études furent magistralement conduites comme toutes celles qui sont sérieusement entreprises par la science contemporaine. On retrouva un à un tous les faits précédemment découverts par les magnétiseurs ; mais en déterminant exactement le moyen et la durée de leur production et en établissant une classification qui rendit claire et simple l'énorme nomenclature des phénomènes produits sans ordre et sans méthode par les premiers magnétiseurs.

Toutefois, les physiologistes et les médecins qui poursuivaient cette étude, et qui la poursuivent encore, étaient trop matérialistes pour entrer dans les vues théoriques des disciples de Mesmer.

Fiers, de la production mécanique des phénomènes, ils niaient toute existence de fluides spéciaux quand un à un les faits produits par eux-mêmes vinrent leur donner un démenti.

Aussitôt, deux écoles se formèrent au sein des sociétés savantes : les uns niaient tous les phénomènes capables d'infirmer les doctrines matérialistes, les autres soutenaient énergiquement la possibilité de produire les phénomènes à distance et par suite l'existence d'un agent impalpable et invisible transmetteur (il faut lire les comptes-rendus de la Société d'Etudes de psychologie - physiologique de Paris et les disputes homériques de Richet et de ses collègues pour se rendre compte de l'acharnement qu'on montre des deux côtés).

En somme, la même lutte ouverte autrefois entre les magnétiseurs et les savants, et qui finit par la défaite de ces derniers, se reproduit aujourd'hui entre les partisans du fluide et ses détracteurs. Nous verrons bientôt qui l'emportera.

TROISIÈME PÉRIODE — LE SPIRITISME

Quelque temps après le magnétisme, une nouvelle doctrine apparaissait, qui bientôt allait suivre les mêmes phases que son aînée : c'était le spiritisme.

D'Amérique, la nouvelle venue se répandit en Angleterre, et de là en France, donnant naissance à une littérature spéciale et à une polémique aussi vive que le magnétisme.

Les principaux écrivains spirites furent en France Allan Kardec [24], Auguez [25], Esquiros, Delanne, Delaage [26], etc., etc.

Je recommande la lecture des œuvres d'Auguez et de Delaage aux travailleurs consciencieux.

Auguez fournira des renseignements et une bibliographie sérieux.

Delaage, est un des modernes qui ont le plus travaillé à répandre l'initiation aux mystères antiques et nous devons l'en remercier particulièrement. Son livre est un résumé excellent en tous points.

Le spiritisme rencontra de nombreux détracteurs niant, sans vouloir les constater, tous les phénomènes. Mais bientôt les savants américains se

---

24   Les deux principaux ouvrages sont: *le liv. des Esprits* (1862), *le liv. des Médiums* (1863).
25   *Les manifestations des Esprits* (1857), *des Elus de l'Avenir* (1858).
26   La dernière œuvre de Delaage c'est *la Science du Vrai* (1885), Dentu, in-8o.

déclarèrent convaincus, puis quelques savants anglais, entr'autres, Crookes, et enfin, malgré le traitement prescrit par la médecine pour les spirites qui sont considérés comme des hallucinés [27], un ancien interne des hôpitaux de Paris, préparateur au Muséum, le D\u1d63 Paul Gibier, vient de publier un livre dans lequel il se déclare convaincu. Il révèle en même temps l'existence très ancienne de tous ces phénomènes dans l'Inde [28].

Il faut voir l'article de critique consacré à Paul Gibier et à son livre dans la *Revue scientifique* pour comprendre la rage sourde des corps savants devant ces phénomènes.

Ne pouvant mettre en doute la sincérité des expériences irréfutables du savant anglais Crookes, la critique s'attaque à celles de Gibier qui, je crois, a eu tort de les publier. Elle le blâme de vouloir former une société pour l'étude des phénomènes et avoue que des savants s'en occupent en secret.

---

[27] Article spiritisme de l'*Encyclopédie des Sciences médicales* de Dechambre.
[28] *Le Spiritisme*, par le D\u1d63 Paul Gibier, Paris, 1887, in-18.

« M. Gibier appelle de ses vœux la formation
« d'une société pour étudier cette nouvelle branche
« de la physiologie psychologique, et paraît croire
« qu'il est chez nous le seul, sinon le premier, parmi
« les savants compétents, à s'intéresser à cette ques-
« tion. Que M. Gibier se rassure et soit satisfait.
« Un certain nombre de chercheurs très compé-
« tents, ceux mêmes qui ont commencé par le com-
« mencement et ont déjà mis un certain ordre dans
« le fouillis du surnaturel, s'occupent de cette ques-
« tion et continuent leur œuvre... SANS EN ENTRE-
TENIR LE PUBLIC. »

(*Revue Scientifique* 13 nov. 1886, n° 20, pp. 631 et 632).

Si jamais cette assertion était confirmée, cela jetterait un singulier jour sur les procédés de ceux qui pratiquent ces études expérimentales. Il me semblait pourtant que la divulgation était à l'ordre du jour ?

TROISIÈME PARTIE

LA SCIENCE OCCULTE APPLIQUÉE AUX SCIENCES MODERNES

LOUIS LUCAS
(1816 - 1863)

Etudier tous les philosophes anciens, chercher le point commun entre leurs doctrines si différentes au premier abord puis réunir en une seule synthèse philosophique l'œuvre des Alexandrins, des Alchimistes et des Scolastiques pour en tirer les principes premiers. D'autre part, étudier expérimentalement les sciences modernes surtout la physique, la chimie, la physiologie et la médecine, et baser ces travaux pratiques sur les théories philosophiques précédentes, telle est l'œuvre entreprise et menée à bonne fin par Louis Lucas.

Mourir ignoré, étouffé peut-être par certaines personnalités jalouses et officielles, être indignement pillé par les théoriciens de toute école, n'être mentionné ni par eux ni par aucun dictionnaire ou aucune biographie soi-disant universelle, telle est la récompense de tous ces travaux.

Du reste, Louis Lucas ne s'était fait aucune illusion sur ce qu'il attendait puisqu'il écrivait :

> L'auteur voué aux principes généraux doit, en commençant son travail, être complètement désillusionné sur l'importance du fruit qu'il en retirera, quand il n'a pas à s'armer encore d'un nouveau courage pour combattre les dangers qui naîtront de ses écrits. Il faut surtout, comme les anciens, se trouver *parvi contentus* et marcher en avant avec cette gaîté du pauvre qui s'abrite derrière la médiocrité de ses désirs [29].

Si j'avais affaire à un de ces mille théoriciens qui croient chacun bouleverser l'univers parce qu'ils ont eu une idée souvent vieille comme le monde et neuve uniquement pour eux, je ne protesterais pas comme je le fais contre l'oubli du nom d'un homme.

---

29   Louis Lucas, *Chimie nouvelle*, p. 18.

Mais c'est un savant que j'ai découvert et que je suis peut-être le premier à remettre au jour, c'est un praticien autant qu'un théoricien qui joint une expérience personnelle à chacune des hypothèses qu'il avance, c'est un homme qui a fait plusieurs découvertes, entr'autres le Biomètre, dont une seule servirait à faire entrer un ambitieux dans les sociétés savantes officielles, c'est un homme dont le nom est soigneusement caché et les idées soigneusement pillées par ceux qui connaissent ses œuvres.

Pourquoi ses ouvrages tirés à de nombreux exemplaires sont-ils introuvables ?

J'ai mis deux ans à me procurer la « *Chimie nouvelles* ». Pourquoi ?

Quelques savants modernes profiteraient-ils de l'oubli qui s'est fait autour de lui pour recopier ? Lisez avec conscience la *Chimie nouvelle*, puis parcourez les théories soi-disant nouvelles sur la philosophie des sciences depuis la thermo-chimie jusqu'aux calculs récents sur l'éther et vous pourrez vérifier là plupart des faits que je me permets d'avancer.

La critique scientifique qui fait de si belles choses devrait bien s'adresser aux œuvres de Louis Lucas. Elle verrait qu'il s'est trompé quelquefois, ce qui arrive à tout écrivain, *errare humanum est*, mais elle serait bien forcée d'avouer qu'il a eu raison le plus souvent.

Vous avez des laboratoires bien montés, vérifiez ses expériences chimiques et biologiques, montrez celles qui ne réussissent pas ; mais montrez aussi celtes qui sont vraies et tachez de les expliquer autrement que lui.

D'ailleurs vous n'avez rien à craindre, Louis Lucas est mort en 1863 et il ne vous fera pas concurrence la première fois que vous vous présenterez à une place honorifique.

Du reste, si vous persistez à taire son nom et ses œuvres, l'étranger le fera, je l'espère. L'occultisme devient de plus en plus puissant et Louis Lucas se vante avec orgueil d'être un disciple de ces alchimistes [30] à qui il a consacré une de ses plus belles œuvres [31].

---

30   *Médecine nouvelle*, p. 15 (tome 1).
31   *Le Roman alchimique.*

Au point de vue des sciences occultes, Louis Lucas a retrouvé la force universelle désignée sous tant de noms (ignis, lumière astrale, magnès, azoth, etc., etc.).

Il a désigné cette force sous le nom de *mouvement* et il étudie ses lois sous le nom de lois de la série dont la série trinitaire est la base. Une fois ces lois connues, il aborde l'expérience en les appliquant.

Après avoir fait ressortir les contradictions et les erreurs théoriques des savants modernes sur les questions générales, il applique ses découvertes dans les cas où la science balbutie et, quand il le faut, il appuie son dire d'une expérience inédite ou d'un appareil nouveau.

Il n'emploie aucun terme symbolique, ses ouvrages sont écrits dans la langue des savants de son époque.

Toutefois plusieurs choses rendent l'étude de ses œuvres désagréable à la critique. En premier lieu, le nombre énorme de faits cités dans ses livres et les connaissances qu'il possédait dans plusieurs branches très différentes du savoir humain (particulièrement en chimie et en musique) nécessitent une certaine instruction générale; enfin, les railleries et les critiques mordantes dont il accable certains savants le font traiter de dément par ceux à qui elles sont adressées.

Il avoue toutefois son admiration pour les vrais savants qu'il cite avec joie et ne réserve ses attaques que pour les pédantes médiocrités qui encombrent la science contemporaine.

Il a débuté en publiant, en 1849, *une Révolution dans la musique, essai d'application à la musique d'une théorie philosophique*, par Louis Lucas, rédacteur en chef du journal le *Dix décembre*, précédé d'une préface par Théodore Bamille et suivi du traité d'Euclide et du dialogue de Plutarque sur la musique [32].

Cet ouvrage fut édité à Paris en 1849 chez Paulin et Lechevalier, rue Richelieu 60.

C'est là que Lucas ébauche les théories qu'il développera plus tard dans ses autres volumes.

En 1854, paraissait son chef-d'œuvre, un véritable *de rerum natura* contemporain, qui contient

---

32 Ce livre se trouve à la Bibliothèque nationale, salle des Imprimés, lettre V.

une foule de faits et d'expériences encore inconnus en 1887. C'est : *la Chimie nouvelle* appuyée sur des découvertes importantes qui modifient profondément l'étude de l'électricité, du magnétisme, de la lumière, de l'analyse et, des affinités chimiques, avec une *Histoire dogmatique des Sciences physiques. Physique, Chimie, Physiologie, Médecine, Histoire naturelle*, par Louis Lucas, éditée par l'auteur.

Voici l'épigraphe de cet ouvrage :

> La plus grande difficulté que rencontre l'esprit humain dans l'étude des principes naturels est justement l'extrême simplicité de ces principes. Le savant ne veut pas y croire et il passe outre.

Enfin voici son dernier ouvrage qui reste obscur si l'on n'a pas lu et travaillé la chimie nouvelle : *La Médecine nouvelle* basée sur des principes de physique et de chimie transcendantales et sur des expériences capitales qui font voir mécaniquement l'origine du principe de la vie, par Louis Lucas, auteur de la *Chimie de l'Acoustique nouvelle, etc.* Paris, 1862, Dentu et Savy, 2 vol. in-8. C'est son ouvrage le moins rare.

Entre temps avait paru :

Le Roman Alchimique, merveilleuse analyse occulte, sociale et philosophique sous forme de roman (1857).

Tous ces ouvrages se trouvent à la Bibliothèque Nationale.

HOÊNE WRONSKI

Il est une partie de nos sciences modernes que Louis Lucas n'a pas cru devoir aborder autant que les autres [33] : je veux parler des mathématiques.

Ce travail a été entrepris par le polonais Hoêne Wronski.

Celui-ci est moins inconnu que Louis Lucas. L'Encyclopédie universelle de Larousse lui consacre quelques lignes. Erdan, dans la *France Mystique*, daigne le « blaguer » pendant un chapitre et les savants ses contemporains se sont conduits envers lui

---

33   Il aborde toutefois la géométrie et donne quelques idées générales sur elle dans la *Chimie nouvelle*, p. 85.

d'une façon que je laisse aux lecteurs impartiaux le soin de qualifier.

Toutefois Wronski criait à chaque nouvelle injustice [34] et protestait chaque fois qu'un membre de l'Institut daignait s'attribuer une de ses découvertes.

Cette conduite scandaleuse vis-à-vis de la science porta les fruits qu'elle devait porter [35].

Après avoir vu en l'année 1822 ses ouvrages presque entièrement détruits, Hœne Wronski mourut de misère et presque de faim le 9 août 1853.

Lisez le récit de sa mort dans l'œuvre que lui consacre un témoin oculaire [36].

Quant à la preuve de destruction de ses ouvrages, la voici :

---

34   Voir les *Prolégomène du Messianisme*.
35   Voyez ci-dessus le jugement de Goëthe sur la conduite des savants vis-à-vis des novateurs et vérifiez-le en l'appliquant à Louis Lucas et à Wronski.
36   Voyez Lazare Augé. *Notice sur Hœne Wronski*, Paris 1865, gr. in-8, librairie philosophique de Ladrange, rue st-andré des Arts, 44 (se trouve à la bibliothèque nationale à l'indication suivante : L. 27 n. 20.957).

Nous prions le lecteur de remarquer qu'en 1823, lorsque Fauteur publia à Londres le 3° de ses opuscules, il venait de recevoir de Paris la nouvelle que ses ouvrages mathématiques allaient être vendus au poids du papier et que cette triste nouvelle lui arrivait ainsi au moment où il venait d'éprouver de la part des savants anglais la spoliation dont il est question.

(Wronski. *Prolégomène du Messianisme*, p. 306 (note).

Maintenant, si vous voulez savoir *pourquoi* ses ouvrages furent détruits, reportez-vous à ta page 243 de ce même volume et vous lirez ce qui suit :

Après le décès de Lagrange, aucun géomètre en France, sans doute par suite de préoccupations différentes, n'a pas pu trouver le temps pour étudier ni, par conséquent, approfondir ces vérités NOUVELLES ET GENÉRALES que l'Institut avait qualifiées ainsi [37] ; au point que le propriétaire des ouvrages mathématiques qui venaient d'être publiés sur la

---

37   Voir le rapport élogieux de Lagrange sur Wronski à l'Institut en 1810. *Prolégomènes de Messianisme*, p. 241.

demande de ces géomètres ne pouvant les céder aux libraires français *chez lesquels* ON *les avait décriés* comme ne contenant que des rêveries fut forcé de les vendre au poids du papier à la halle de Paris.

N'est-ce pas toujours l'application de ce procédé si bien décrit par Goëthe ?

Du reste, un second rapport fut présenté à l'Institut par Arago et Legendre. Ce rapport était entièrement le contraire du précédent dont les rapporteurs ignoraient sans doute l'existence ; Wronski pour se venger publia les deux rapports côte à côte [38].

Wronski prétend avoir découvert une méthode grâce à laquelle on parvient facilement à la connaissance de l'absolu.

Cette méthode il l'applique dans ses ouvrages qui sont très obscurs et il faut les étudier patiemment pour voir la vérité apparaître magnifique de place en place.

---

38 Voir *Réforme du Savoir humain*, p. IXI j 2ᵉ vol., et *Réfutation de la Théorie des fonctions analytiques* de Lagrange.

Il tire ses données de *la Kabbale*, comme l'a bien vu Eliphas Levi :

> Cet admirable résumé magique de Paracelse peut servir de clef aux ouvrages obscurs du cabaliste Wronski, savant remarquable, qui s'est laissé entraîner plus d'une fois hors de son absolue raison par le mysticisme de sa nation et des spéculations pécuniaires indignes d'un penseur aussi illustre [39].

En effet, dans sa vie privée, Wronski a été mêlé à plusieurs affaires d'argent. Du reste, je ne comprends guère les arguments de ces gens qui, pour combattre les doctrines d'un auteur, sortent toutes les sales histoires qu'ils peuvent trouver sur son compte. Qu'importe tout cela à la science et à la vérité ? De nos jours on emploie le même « truc » contre Saint-Yves d'Alveydre et Mme Blavatsky. Pour montrer la fausseté de leurs idées on s'attaque à leurs personnes. Qu'est-ce que cela prouve ?

---

39 *Dogme de la Haute Magie* (VII). *Le Trident de Paracelse.*

D'après Landur [40], Wronski aurait puisé à trois sources principales : *Jacob Bœhme, Saint-Martin, la Kabbale.*

Dans ces derniers temps les « *Décadents* » ont publié dans leur revue « *La Vogue* » une étude sur Hœne Wronski et quelques-uns de ses écrits inédits.

Je conseille à ceux qui voudront étudier la philosophie de Wronski de lire d'abord l'ouvrage de Landur intitulé : *Exposition abrégée de la Philosophie absolue d'Hœne Wronski*, paru en 1857.

Cet ouvrage se trouve à la Bibliothèque Nationale aux indications R 8886.

Voici une liste par année des ouvrages de Wronski ; je l'extrais de l'opuscule de Lazare Augé. Les curieux trouveront un portrait de Wronski dans la *France Mystique* de Erdan.

1800. *Le Bombardier polonais.*
1801. *Mémoires sur l'aberration des astres mobiles.*

---

40   Landur, *Recherche des Principes du Savoir et de l'Action*, Paris, 1865, in-8.

1802. *Philosophie antique* découverte par Kant et fondée définitivement sur le principe absolu du savoir.
1810. *Premiers principes des méthodes algorithmiques comme base de la Technie des mathématiques* (Mémoire à l'Institut — Rapport favorable de Lagrange.)
1811. *Philosophie des Mathématiques.*
1812. *Programme d'un cours de Philosophie transcendantale.*
1814. *Philosophie de l'Infini.*
1815-1817. *Philosophie algorithmique.*
1818. *Réponse au mémoire d'Arson.*
1819. *Critique de la théorie des fonctions génératrices de Laplace.*
Le Sphinx.
1820. *Solution du problème des réfractions astronomiques.*
1821. *Introduction à un cours de mathématiques* (en anglais).
1827. *Canons de Logarithmes.*
1829. *Problème fondamental de la politique moderne. Machines à vapeur.*
1831. *Prodrome du Messianisme.*

1832. *Bulletins messianiques.*
1833. *Sort téléologique du hasard.*
1835. *Nouveaux systèmes de machines à vapeur.*
10 opuscules sur la locomotion spontanée.
1839. *Question décisive sur Napoléon.*
1840. *La Métapolitique.*
1840. *Le Faux napoléonisme.*
1842. *Le destin de la France, de l'Allemagne et de la Russie comme Prolégomènes du Messianisme.* [41].
1848. *Réforme du Savoir Humain* [42]. *Adresse aux nations slaves sur les destinées du monde.*
Epitre au prince Gzartoryski sur les destinées de la Pologne.
1849. *Derniers épîtres aux hommes supérieurs.*
1850. *Les cent pages décisives.*
1851. *Epitre à l'empereur de Russie.*
Epitre à Louis Napoléon.
Documents historiques sur les nations slaves.
1852. *Historiosophie.*
Secrets politique de Napoléon.

---

41   *Op. cit.* ci-dessus.
42   Le plus important de ses ouvrages.

1852-1853. *Opuscules sur la Marées.*
1855. *Procédeutique Messianique.*
1861. *Développement progressif et but final de l'humanité.*

Ces deux derniers ouvrages sont posthumes, ils ont été publiés par Mme veuve Wronski qui a aussi fait paraître sous son nom: *Petit traité de Métaphysique élémentaire*, Paris, 1854, in-8.

TROISIÈME PARTIE

LES OCCULTISTES

ÉLIPHAS LEVI

Cet auteur ouvre la série de ceux qui traitent principalement de l'occultisme en lui-même sans s'appliquer à l'alliance delà science contemporaine avec lui.

Dans ce genre d'études, il faut bien noter qu'un auteur est rarement complet par lui même. C'est pourquoi, quoique les œuvres d'Eliphas Levi doivent être le vade mecum de tout étudiant en occultisme, il est nécessaire de les compléter par celles de Lacuria, de Cyliani, de Wronski et de Louis Lucas.

C'est alors qu'on pourra aborder avec fruit l'étude des publications plus modernes de Mme Blavatsky.

Eliphas Lévi a d'abord écrit des ouvrages socialistes dont l'un d'eux, *le Testament de la Liberté*, lui a valu quelques mois de prison (1848).

Disciple de Fourier et de Wronski [43], il a surtout travaillé *la Kabbale* et la *Genèse* d'Henoch.

Desbarolles [44] l'appelait une bibliothèque vivante et de fait c'est le plus savant de tous les occultistes contemporains.

Ses principaux ouvrages sont en occultisme :
(1861) *Dogme et Rituel de la Haute-Magie* (Théorie).
(1860) *Histoire de la Magie* (Réalisation).
(1861) *Clef des grands mystères* (Adaptation).
(1862) *Fables et Symboles.*
(1861) *Le Sorcier de Meudon.*
(1860) *La Science des Esprits.*

LACURIA

Encore un inconnu. Il a fait un livre, *Harmonies de l'Etre exprimées par les nombres*, Paris, 1847, 2 vol. in-8 avec planches qui ne dit pas grand'chose par lui-même, mais qui devient merveilleux com-

---

43 Voir Lazare Augé, *ouv., cit.*, p. 10.
44 *Mystères de la main* (dernière édition) préface.

me complément des œuvres d'Eliphas Lévi et de Wronski.

CYLIANI

Un des derniers alchimistes qui aient écrit sur la pierre philosophale. A fait en 1832 un ouvrage anonyme que je recommande à tous les occultistes : *Hermès dévoilé*, in-8. Les Enfants de la veuve y trouveront des symboles instructifs pour eux.

ÉMILE BERTRAND

A publié plusieurs ouvrages dont l'un est remarquable c'est : *Le XIXᵉ siècle et l'avenir*, Paris, 1860, in-8.

Enfin je citerai comme un résumé très peu connu et fort bien fait de *la Kabbale* le livre de LENAIN : *La Science cabalistique*, publié à Amiens en 1823. Tous ces ouvrages se trouvent à la Bibliothèque nationale.

CHRISTIAN

S'est surtout occupé de l'astrologie; a publié deux volumes: *L'homme rouge des Tuileries* (1854). — *Histoire de la Magie* (1870).

Enfin je citerai dans un ordre de sciences qui se rapporte aux sciences occultes, l'abbé Michon, auteur d'une *Méthode de graphologie ou jugement des caractères d'après l'écriture.*

QUATRIÈME PARTIE

LES OCCULTISTES VIVANTS [45]

Aujourd'hui l'occultisme recrute des adhérents de plus en plus nombreux et de plus en plus instruits. Au premier rang des Français je dois citer :

SAINT-YVES D'ALVEYDRE

Qui a fait trois ouvrages merveilleux tant pour le travail qu'ils comportent que pour le style tout à fait spécial qui les caractérise. Le marquis Saint-Yves d'Alveydre traite surtout la partie historique et sociale de l'occulte : c'est un brillant défenseur de la Synarchie déjà entrevue par Wronski et par Saint-Martin.

---

45 *Vivants* à l'époque de la rédaction de l'ouvrage en date de 1887 (NdE).

Dans ces derniers temps, cet auteur a été en butte aux plus viles calomnies, ce qui ne doit pas étonner ceux qui savent ce qui a toujours attendu les occultistes instruits. Je n'ai pas l'honneur de connaître M. d'Alveydre, mais la lecture de ses ouvrages suffit pour l'estimer. En admettant, ce que je ne crois pas, que les viles accusations portées contre lui aient un semblant de vérité, cela ne touche qu'à l'homme et n'atteint en rien l'écrivain des trois missions : *Mission des ouvriers. — Mission des souverains 1882* (anonyme). — *Mission des juifs* (1884). Son ouvrage te plus célèbre est le dernier. Il a exercé une grande influence sur tous ceux qui s'occupaient de la question. Il suffit pour le constater de lire les écrits postérieurs à son apparition.

Ainsi un autre auteur, ALBERT JHOUNEY, vient de publier un livre où il s'inspire surtout de *la kabbale*. Il a un talent d'exposition tout à fait personnel ; mais beaucoup de ses idées sont tirées des écrits d'Eliphas Levi (pour la Kabbale) de Lacuria (pour la religion) et de Saint-Yves (pour la synarchie). Ceux qui écrivent savent bien que souvent on ignore avoir copié quelqu'un. Ainsi je suis persuadé que M. Jhouney ne connaît pas Lacuria et qu'il a trouvé seul les belles choses qu'il nous dit. C'est pourquoi je salue un des Kabbalistes gnostiques les plus instruits de notre temps dans l'auteur du *Royaume de Dieu* [46]. Des écrits des occultistes et particulièrement d'Eliphas Levi est née une école littéraire dont les productions ont fait sensation. J'ai nommé L'ÉCOLE SYMBOLIQUE représentée principalement par Josephin Peladan, un des *décadents* sérieux de notre époque. Il publie une *éthopée*, la *Décadence latine* en quatre volumes, trois ont déjà paru ce sont : *Le vice suprême ; - Curieuse ; - L'initiation sentimentale ;* un va paraître : *A cœur perdu* [47].

A cette école se rattache DE GUAITA, qui a publié une belle brochure intitulée *Au seuil du Mystère* [48], dans laquelle il résume dans un merveilleux style les idées d'Eliphas Levi et de Saint-Yves d'Alveydre.

Citons encore un auteur scientifique de ce groupe, Charles Henry, qui a publié plusieurs études intéressantes et des écrits de Wronski dans la *Vogue* revue des décadents.

---

46   Paris, 1887, Carré éditeur.
47   Publié en 1888. (NdE).
48   Chez Carré.

A côté de tous ces auteurs, se rangent les vulgarisateurs de la science occulte parmi lesquels je citerai Durville [49], magnétiseur qui lutte avec persévérance pour la science. Il a fait paraître dans ces derniers temps des études fort intéressantes complétant celles du Baron de Reichemback sur la *polarité humaine* [50] et sur une *force universelle,* qu'il aurait découverte. Cette force est celle si bien étudiée par Louis Lucas dans ses applications physiques et médicales, et par Eliphas Levi dans ses applications occultes. Lucas l'appelle *le mouvement* (comme Durville) et Eliphas *la lumière astrale.* Quoi qu'il en soit, je salue en Durville un zélé vulgarisateur de la science magnétique.

Parmi les vulgarisateurs, signalons encore Me Louis Mond [51], écrivain lyonnais qui a une tendance fâcheuse à s'attribuer les découvertes de Mesmer et d'Eliphas Levi sans citer ses maîtres.

---

49   V. les œuvres de Dècle et Chazarain qui demandent pour eux la priorité des découvertes de cet auteur.
50   *Traité expérimental et thérapeutique du magnétiseur,* par H. Durville (1885-1886)
51   *Cours de Magnétisme et Cours de Graphologie* à la Bibliotbcèque universelle 34 rue de la Montagne Sainte-Geneviève, Paris (chaque volume 0,30 c. franco).

QUATRIÈME PARTIE

Ely Star [52] qui a fait un excellent petit résumé de Christian, écrit dans un style qui ne rappelle heureusement pas celui de l'écrivain précédent.

Citons encore pour mémoire l'*Histoire de l'occulte de Fabart* (Paris, 1885), pleine de renseignements précieux et que je pense connue de tous les occultistes.

Mais le grand mouvement contemporain nous vient de l'Inde. Sous l'inspiration de grands initiés orientaux une société a été fondée à New-York en 1875.

Cette société a acquis aujourd'hui une énorme importance. Elle a 136 branches dans différentes villes du monde [53], des librairies, des journaux et des correspondants partout : c'est la Société Théosophique.

Une société d'Anglais prétend que les initiés du Thibet n'existent que dans l'imagination des sociétaires. Pour mon compte, je ne le pense pas et de toutes façons une lettre d'un de ces initiés Kouth-Houmi insérée dans la *Mission des Juifs* et dans le

---

52 *Cours d'Astrologie* (0.50 c. même librairie).
53 Voir le nom et l'adresse de ces branches dans *le Lotus*, revue française de la Société.

Monde occulte, dénote un esprit si supérieur que je n'hésite pas à regarder celui qui l'a écrite, initié ou mystificateur, comme un vrai maître dans le sens complet de ce mot. Les Enfants de la Veuve me comprendront peut-être.

À ce mouvement oriental étudiant particulièrement le bouddhisme ésotérique, se rattachent les auteurs et les écrits suivants:

Mme BLAYATSKY

Initiée en Orient. Calomniée un peu partout. Secrétaire de la Société et écrivain très distingué, a écrit un ouvrage admirable sur l'occultisme intitulé *Isis unveiled*[54]. C'est un des seuls auteurs vivants qui, à notre connaissance, joigne la pratique à la théorie.

Elle s'occupe, paraît-il, actuellement, d'un autre travail intitulé: *la Doctrine secrète*. Je ne regrette qu'une chose: c'est qu'elle n'écrive pas assez souvent en français, car ses articles sont vrai-

---

54 New-York, 1877, 2 vol. in-8. Se trouve à la Bibliothèque Nationale à la marque suivante: R 1404.

ment remarquables [55]. Comme tous les adeptes elle a été l'objet d'attaques très vives de la part de ses contemporains, Elle a été traitée de Charlatan, de Mystificatrice, etc., etc.. Elle supporte du reste gaiement ces petits désagréments et fait preuve de beaucoup d'esprit dans ses réponses aux *reporters affamés* que les articles contre elle font vivre [56].

Citons encore dans le même sens les écrits de SINNET : *Occult World* et *Esoteric buddhism*, dont le premier a été traduit en français par un traducteur consciencieux que nous devons remercier des services qu'il rend aux occultistes français en prenant sur ses études un temps précieux pour mettre à notre portée les grands ouvrages étrangers. Je veux parler de GABORIAU [57]. Ajoutons à ces noms celui du Président de l'*Isis*, une des branches françaises de la Société Théosophique, DRAMARD, auteur d'une brochure intéressante intitulée *la Science occulte* (chez Carré).

---

55 Voir le *Lotus*, Carré, éditeur.
56 Voir le n° 4 du *Lotus*.
57 *Le Monde occulte* de Sinnett, traduit par Gaboriau, chez Carré.

Il faut aussi citer comme un des vulgarisateurs des doctrines théosophiques Lady Caithness, duchesse de Pomar, qui a écrit plusieurs ouvrages inspirés par le Bouddhisme ésotérique de Sinnet [58]. La duchesse a été présidente d'une branche française de la Société. Elle dirige une revue qui a pour but, si j'ai bien compris de montrer aux catholiques l'unité des cultes du Christ et du Bouddha. Fera-t-elle cesser l'intolérance bien connue des religions d'Occident ? Félicitons-la toutefois de sa tentative. Enfin, je ne puis terminer avec cette société à qui l'occultisme doit tant sans citer Ch. Barlet, un des meilleurs écrivains contemporains dans la question qui a publié une série d'articles dans *le Lotus* et le poète J. Rameau, jeune et déjà célèbre.

Au dernier moment je reçois un ouvrage absolument remarquable que je regrette de ne pouvoir que citer : *Les forces non définies*, par A. de Rochas (chez Masson).

En somme, aujourd'hui encore deux camps philosophiques se trouvent en présence, les occultistes

---

[58] *Théosophie Bouddhiste*, 1886, in-8 (Carré). *Fragments de Théosophie occulte* (Carré).

et leurs détracteurs. Ces derniers ne savent généralement rien des questions qu'ils combattent. Ce n'est donc pas en les insultant et en froissant leur amour propre mais bien en les instruisant qu'on les convaincra. On peut être très fort mathématicien, très fort physiologiste ou très fort médecin et être un` âne en alchimie ou en astrologie. Mais il ne faut pas décrier ce que l'on ne connaît pas et le médecin qui raille la science occulte est semblable à la concierge qui « blague » les médecins. La preuve de ceci c'est le ton que prennent les journaux scientifiques pour parler du spiritisme [59] maintenant que des savants officiels s'en sont occupés [60]. Ce journal n'eût certes pas parlé ainsi il y a dix ans.

Laissons donc marcher le mouvement et comprenons bien qu'à un moment donné les courants noient dans leur tourbillon ceux qui veulent s'opposer à leur marche.

---

59   Voir la *Revue Scientifique, loc. cit.*
60   W. Crookes Cox Walace, de l'Académie royale de Londres. Zoeliner, professeur, correspondant de notre Institut en Allemagne. Voir en outre les noms des littérateurs illustres cités par Fabart, p. 120.

Aussi ne saurais-je en terminant exhorter trop les occultistes à laisser là les questions de personnalité ou de doctrines arrêtées. Groupez-vous ; si vous ne voulez pas former une société ou entrer dans une de celles qui existent, allez-vous voir mutuellement. Faites la connaissance de ceux qui s'occupent de la même question et bientôt les sciences occultes prendront la place qu'elles méritent dans l'ordre des connaissances humaines.

www.ingramcontent.com/pod-product-compliance
Lightning Source LLC
Chambersburg PA
CBHW061254040426
42444CB00010B/2378